AF247932

# LA PAIX HONTEUSE

ou

## LE DROIT DES GENS SELON LES PRUSSIENS

Paris. — Imprimerie Emile VOITELAIN et Cᵉ
rue J.-J. Rousseau, 61

# LA PAIX HONTEUSE

OU

## LE DROIT DES GENS

SELON LES PRUSSIENS

PAR

## A. VAVASSEUR

Avec une Préface par M. Louis Ulbach

*Rédacteur en chef de LA CLOCHE*

## PARIS

### LIBRAIRIE INTERNATIONALE

### LACROIX, VERBOECKHOVEN ET Cᵉ, EDITEURS

15, boulevart Montmartre et faubourg Montmartre, 13

MÊME MAISON A BRUXELLES, A LEIPZIG ET A LIVOURNE

1871

# PRÉFACE

La France sort vaincue, mais l'Allemagne sort déshonorée de la lutte qui vient de nous coûter tant de sang et tant d'argent.

Nous avons donc le droit de relever la tête et d'accepter fièrement cette *paix honteuse;* car, n'ayant pas voulu la guerre, nous ne méritions pas la défaite, et, subissant la défaite, nous n'avons pas à rougir de plier sous un vainqueur qui nous accable.

Ce livre est le pourvoi que l'auteur introduit au nom de la justice, avant que l'histoire ait prononcé son jugement.

Sans doute il peut paraître inutile de protester, quand les faits sont éclatants comme la lumière; mais les événements s'oublient et s'altèrent; tous ceux qui ont engagé follement cette guerre funeste ont intérêt à émouvoir la postérité, à corrompre le témoignage des morts.

L'Allemagne, devant ces revendications, prendra

ses sûretés et fera mentir à son tour les ruines qu'elle nous a laissées.

L'Europe, ingrate, imprudente, essaiera plus tard de justifier son égoïsme mal entendu.

Il est bon qu'un homme politique, qu'un légiste résume, condense les éternels arguments que la conscience et le droit mettent au service des peuples opprimés, et empêche la prescription du crime.

C'est le but que se propose M. Vavasseur en réunissant les remarquables articles qu'il a publiés dans *la Cloche* sur la paix, à mesure que les événements rendaient cette paix plus fatale.

Il ne juge pas les faits militaires; il ne s'arrête pas à ces vaines protestations des stratéges qui cherchent une consolation dérisoire dans l'algèbre des batailles. Il accepte la brutalité du dénouement et il prouve que, même battue selon les lois de la guerre, la France ne devait pas, selon les lois de l'honneur, être soumise aux conditions qu'on lui impose. Il dégage, en termes clairs et brefs, la morale du droit des gens de ce traité odieux qui cimente la haine et qui défie toutes les tendances modernes d'apaisement, d'union, de fédération universelle.

Ce petit livre s'adresse aux patriotes et aux diplomates, c'est-à-dire, aujourd'hui, à tout le monde; car les cruels événements que nous avons traversés doivent, en nous enseignant l'amour de la patrie, nous conseiller aussi la prudence subtile qui sait prévenir les malheurs et la science qui sait les réparer. Il ne s'agit plus seulement de bien se battre et de bien mourir. La France, qui a été la dupe glorieuse de son héroïsme, doit avoir désormais l'ambition de bien se garder des embûches de la diplomatie.

Le canon des Prussiens n'est pas leur meilleure arme. Ils nous ont vaincus surtout par leur ruse, leur espionnage. Prenons notre revanche par notre sagesse, notre connaissance du droit; nous saurons mieux ainsi quels efforts nous devons faire pour reconquérir notre place, sans la compromettre à l'avenir par des tentatives d'injustice ou par d'involontaires complicités d'ambition.

LOUIS ULBACH.

# LA PAIX HONTEUSE

### ou

## LE DROIT DES GENS SELON LES PRUSSIENS

---

## I

### Paix ou guerre?

La paix! tout le monde la veut. L'ennemi, las de frapper, soupire, dit-on, après le retour dans ses foyers. L'Europe, enfin émue de pitié, demande la fin de la sanglante hécatombe. La France, épuisée, n'a plus qu'un tronçon d'épée, et sa main affaiblie n'a plus même la force de le manier.

Aussi, entendons-nous répéter de toutes parts que tout est fini, et que l'Assemblée nationale est fatalement condamnée à signer le traité de paix.

Mais quoi! veut-on dire par là qu'elle devra signer la paix à tout prix, même une paix qui aurait pour résultat de démembrer, de déshonorer, de ruiner la France?

Allons-nous voir surgir le parti de la paix à outrance, après le parti de la guerre à outrance?

Supposons, effroyable hypothèse, que la Prusse s'avise

de demander la moitié du territoire. Faudra-t-il encore signer la paix !

Pourquoi, si nous sommes à sa merci, n'irait-elle pas jusque là ! Elle ne se targue pas de modération ; la générosité est un sentiment qui lui est inconnu ; elle n'a pas même aperçu, après Sedan, l'occasion qui s'offrait pour elle de montrer quelque grandeur d'âme. Ses journaux nous ont révélé tout à coup qu'elle était animée contre nous d'une haine farouche, et ses docteurs officiels ont condamné la race latine à l'anéantissement.

De là les conditions qu'elle fait mettre en avant, conditions si odieusement excessives que la presse anglaise les appelle des conditions de guerre.

La Prusse est conséquente avec elle-même : elle a déclaré qu'il n'y avait plus pour elle de droit international ; elle pousse l'abus de la force jusqu'aux dernières violences. La pratique est conforme à la théorie.

Eh bien ! voici maintenant la question qui se pose : l'Assemblée nationale française va-t-elle mettre la signature de la France au bas d'un traité qui porte de telles conditions ?

Si elle le fait, n'adhère-t-elle pas à la politique sauvage de la Prusse ! Ne reconnaît-elle pas que cette politique peut trouver sa justification dans le droit des gens ! Ne réhabilite-t-elle pas enfin le droit de conquête, en expropriant des citoyens de leur patrie, en vendant des créatures humaines comme des troupeaux !

Et la France ne mériterait-elle pas le sort que lui inflige son ennemi en se laissant entraîner par lui et avec lui au ban de la civilisation ! Déchéance morale plus humiliante mille fois que la ruine matérielle !

Mais que faire ? dira-t-on. Ne sommes-nous pas vaincus, nos armées ne sont-elles pas détruites ou dispersées ? C'est la loi d'un vainqueur impitoyable qu'il nous faut subir. *Dura lex, sed lex.* Peut-il résister, le condamné qui a la tête sous le couteau de la guillotine? Peut-il résister, le voyageur désarmé, meurtri de coups, à demi-mort, qui sent sur sa poitrine le genou du bandit?

Ah! certes, nous le voyons trop, notre France est à l'agonie, et chacune des convulsions sous lesquelles elle se débat semble devoir être la dernière ; ses courageux efforts pour rentrer dans la vie semblent rapprocher le moment suprême.

Je comprends et partage donc les douloureuses perplexités de ceux de nos concitoyens qui ont accepté le lourd devoir de délibérer sur la paix ou la guerre :

D'un côté, la fin des sacrifices humains, la reprise du travail et des affaires, mais avec la honte et la ruine.

De l'autre, le carnage continuant avec un redoublement de fureur; l'invasion gagnant successivement toutes nos provinces; la dévastation, tantôt méthodique et savante, tantôt désordonnée, ignoble et ordurière, s'abattant bientôt sur la France entière; et, après tout cela, la délivrance incertaine !

Est-il vrai que nous soyons enfermés dans cet affreux dilemme?

S'il est reconnu que la lutte est désormais impossible, est-ce à dire que la France soit obligée de signer sa honte et sa déchéance; et n'y a-t-il pas un troisième parti qui nous soit laissé !

Pourquoi signer un prétendu traité? Cette signature, extorquée par la force, n'a aucune valeur morale ou juridique qui nous oblige, et si elle ne vaut rien, pourquoi la donner ! C'est une comédie à laquelle on nous convie; de notre part, il y aurait manque de franchise et de loyauté, car nous signerions avec l'arrière-pensée de déchirer le contrat à la première occasion.

La Prusse veut nos provinces; qu'elle les prenne. La Prusse veut notre argent; qu'elle s'en empare. Elle fait acte

de brigandage; qu'elle ne demande pas le consentement de
sa victime.

Si la France est réduite à l'impuissance, qu'elle assiste,
passive, à sa propre exécution, mais qu'elle n'y prête pas
les mains; ce serait un suicide, non le suicide stoïque par
libre volonté, mais le suicide de l'esclave qui obéit au
maître!

Qu'elle s'enveloppe, grande et noble victime, dans son
infortune imméritée; et, encore debout, fière et digne,
qu'elle souffre, qu'elle attende et qu'elle espère.

Par cette attitude, elle ne sera pas plus lésée dans ses in-
térêts matériels; elle sauvera sa dignité; elle livrera son
ennemi à l'indignation du monde civilisé.

Quelque jour, quelque nuit, on entendra sonner le glas
funèbre des vêpres siciliennes, et, pour l'oppresseur à son
tour écrasé, l'heure fatale sera venue, mais le moment du
repentir sera passé.

15 février.

## II

### Les traités et l'Europe.

L'article 2 du traité de Paris du 30 mai 1814, garantissait
à la France « l'intégrité de ses limites, telles qu'elles exis-
« taient à l'époque du 1er janvier 1792. »

L'article 1er du traité du 20 novembre 1815 porte que

« les frontières de la France seront telles qu'elles étaient
« en 1790. »

A ces traités ont signé, avec la France et la Prusse, les
autres grandes puissances de l'Europe.

Aujourd'hui, la Prusse prétend nous imposer un traité qui
nous enlève une partie du territoire reconnu et garanti par
l'Europe. Et l'Europe n'est pas appelée pour modifier le
contrat auquel elle a concouru comme partie intéressée !

Quelle sera la valeur de ce soi-disant traité ?

Elle sera nulle, évidemment, car, d'après le droit des
gens, aussi bien que d'après le droit privé, un traité ou
contrat ne peut être résilié que par le consentement de
toutes les parties qui l'ont signé.

Et ce n'est point une simple signature d'honneur ou d'amitié qui a été donnée par les grandes puissances. Elles ont
contracté en vue d'un intérêt positif, formellement exprimé
dans le préambule du traité de Paris, « afin d'établir une
« paix solide, fondée sur une juste répartition des forces
« entre les puissances. »

Elles ont fondé l'équilibre européen.

Si la Prusse n'appelle pas ou ne souffre pas que la France
appelle les autres puissances à prendre part aux négociations actuelles, c'est qu'elle nous croit écrasés, incapables
de prolonger la résistance, et que seule, en face de nous,
elle entend nous faire subir tout le poids de sa haine et de
sa cupidité.

Mais si, ce qu'à Dieu ne plaise, la France, sous le coup
de cette violence matérielle et morale, signait un traité spo-
liateur, sa signature serait nulle encore de ce chef. Tous les
auteurs qui ont écrit sur le droit international sont d'accord
sur ce point, les auteurs allemands comme les autres :
« Le traité est entaché de nullité, dit Hefter, si des violences
« ont été exercées sur l'un des contractants. »

A quoi sert donc la besogne diplomatique à laquelle on se livre en ce moment avec tant de précipitation !

Si l'on veut assurer à la revanche une base légale et juridique, on a raison de procéder ainsi, et nous devrions nous en réjouir au lieu de nous en plaindre.

Ah ! sans doute, ces traités de 1814 et 1815, nous les avons longtemps maudits, mais nous ne les avons jamais déchirés, et, même en 1848, la République les reconnaissait implicitement en déclarant, par l'organe de son ministre des affaires étrangères, qu'elle en acceptait les conséquences, et consentirait à ne les modifier qu'avec le concours des co-signataires.

Ils forment donc aujourd'hui une des bases essentielles du droit international européen.

Pourquoi faut-il que, ces traités maudits, nous soyons réduits à les invoquer comme une sauvegarde ! N'était-ce pas assez de l'humiliation que nous infligeait le premier Bonaparte en 1815 ! Serions-nous condamnés en 1871, à subir, par le fait du second Bonaparte, une aggravation honteuse des traités de 1815 !

Mais, en vérité, je m'aperçois que je suis le jouet de singulières illusions, et que je fais preuve d'une naïveté sans pareille ! Quoi ! je compulse des traités, j'en cite les articles, le préambule ; je regarde et montre les signatures, et j'interpelle les signataires au nom du droit des nations et de la justice éternelle !

Droit, justice, ce sont là des abstractions creuses, des entités chimériques. La foi due aux traités, niaiserie ! L'équilibre européen, un château de cartes. D'ailleurs, nous autres, gens simples, ignares et corrompus de race romane, nous ne voyons et ne comprenons rien. La sublime invention du pangermanisme a détrôné toutes ces vieilleries ; le soleil s'est déplacé, et c'est aujourd'hui du Nord que nous vient la lumière.

Sachez donc que le peuple des Borusses était prédestiné à rallier et réunir de gré ou de force tout ce qui, de près ou de loin, sera reconnu être de race germanique ; et c'est à la langue que cela se reconnaît. Tout ce qui parle le haut-allemand, le bas-allemand, ou le plat-allemand, appartient à la grande nation allemande. Ceux qui résistent, elle les contraint ; je me trompe, elle se les assimile, par la langue, comme le loup s'assimile l'agneau, par la dent.

Le droit du plus fort est toujours le meilleur. Cette ironie du fabuliste devient la loi internationale, et un code nouveau est fondé par les savants d'outre-Rhin ; grâce aux leçons de la philosophie transcendante, aux merveilleuses découvertes de l'etnographie politique, une alliance s'est formée entre le parti des professeurs et le parti des hobereaux. Bismarck n'est que le disciple et l'instrument de Hégel.

Il s'agit de savoir si l'Europe est convertie à cette science nouvelle, si elle entend se rendre complice de ces loups dévorants, assister impassible à l'écrasement d'une nation dont elle a garanti l'existence, ou se borner à quelques marques de sympathie stérile et d'humiliante commisération.

Soit ! que la théorie allemande passe à l'état d'axiome. Ce sera un retour à l'état sauvage ; l'Europe va devenir un camp ; les peuples policés ne seront plus que des peuplades guerrières et pillardes ; c'est la vendetta qui va gouverner l'Ancien-Monde, et, de revanche en revanche, nous allons. nous entre-dévorer.

Telle est l'ère nouvelle de la civilisation qu'on nous prépare.

17 février.

## III

## **Le droit des Gens.**

Si, par son ineptie diplomatique, le gouvernement déchu nous a jetés dans un guet-apens, d'où son incapacité militaire n'a pas su nous tirer, il reste à la France, rendue à elle-même, un moyen de salut :

C'est de se placer fermement sur le terrain du droit des gens.

Le droit de la force, si effrontément inauguré naguère à la stupeur du monde civilisé, a perdu de son prestige, et le chancelier de la Confédération du Nord lui-même n'ose plus aujourd'hui l'invoquer publiquement ; car, il y a quelques jours, lorsque notre diplomatie lui reprochait d'avoir bombardé Paris sans sommation préalable, il se défendait en citant Wattel, un auteur vieilli sans doute, mais qui a fait longtemps autorité dans la jurisprudence internationale.

Dans cette voie, que nous ouvre par mégarde ou résipiscence un implacable ennemi, nous pouvons remporter une victoire diplomatique qui pose une borne infranchissable à ses insatiables convoitises.

La Prusse veut, dit-on, nous imposer deux conditions :

Une indemnité de plusieurs milliards,

Et une cession de territoire.

Si, plus équitable et plus mesurée, elle n'eût exigé que de l'argent, c'eût été une question à débattre entre elle et nous seuls, comme Jules Favre le proposait à Ferrières.

Mais elle demande à modifier à son profit les frontières fixées par l'Europe entière dans les traités de 1814 et 1815. L'Europe doit figurer comme partie au nouveau traité.

Si, en effet, cette prétention territoriale se manifeste officiellement, voici la réponse préalable à faire à la Prusse : Je ne puis entrer en négociation sur ce point sans le concours des grandes puissances, car tout ce qui serait convenu en dehors d'elles serait frappé de nullité radicale. Appelons les grandes puissances.

Si la Prusse refuse, nous devons dénoncer ce refus aux puissances par un acte solennel.

Si les puissances restent muettes ou inactives, elles reconnaissent par là même :

Que les traités de 1814 et 1815 sont abolis;

Que la consécration nouvelle qui en avait été faite dans le traité du 30 mars 1856 est elle-même inefficace et vaine (l'art. 15 vise expressément l'acte du Congrès de Vienne);

Que le droit des gens tout entier est anéanti, et que la déclaration célèbre du Congrès d'Aix-la-Chapelle, tenu le 15 novembre 1818, est abrogée.

Par cette déclaration, que rappelait récemment M. Giraud dans un remarquable article de la *Revue des Deux-Mondes* (n° du 1er février 1871), les grandes puissances européennes consignaient « leur invariable résolution de ne *jamais s'écarter*, ni entre elles ni dans leurs relations avec d'autres États, de l'observation la plus stricte des principes du droit des gens, principes qui peuvent seuls efficacement garantir l'indépendance de chaque gouvernement en état de paix durable, et la stabilité de l'association humaine. »

M. Giraud fait remarquer que le Congrès de Paris, en 1856, semblait avoir converti cette résolution en une loi positive de l'Europe moderne.

J'ajoute qu'il faut dire la même chose de la Conférence de Londres, où les puissances n'ont pas cru pouvoir se dispenser d'appeler le représentant de la France, même en état de révolution, même vaincue, envahie et garottée.

Il faut noter ces paroles du discours de la reine d'Angleterre, déclarant à l'ouverture du Parlement, que la France a été appelée à la Conférence « comme une des principales parties contractantes des traités de 1856, et qu'elle doit toujours être considérée comme un membre principal et indispensable au bien public de l'Europe. »

Est-il étonnant, en présence de ces dispositions, que le comte de Bismarck, qui est le plus grand, le plus rusé et le moins scrupuleux des diplomates, ait su trouver le moyen de refuser à Jules Favre un sauf-conduit pour la Conférence ?

L'Europe, après quelques jours, ne peut s'infliger un éclatant démenti. Elle ne peut renoncer à la foi des traités et répondre qu'il n'y a plus de droit public obligatoire entre les nations ; que la déclaration d'Aix-la-Chapelle, cette lumineuse aurore de la paix perpétuelle, doit être désormais reléguée dans le domaine de l'abstraction philosophique.

Sinon, elle fait remonter le cours des siècles à notre civilisation tant vantée, elle remplace l'idéal entrevu de la paix perpétuelle par l'horrible réalité de la guerre perpétuelle ; la science fait place à la barbarie ; et elle méritera ce reproche sanglant que Bluntschli, l'illustre professeur d'Heidelberg, lui adressait en 1866 : d'avoir des façons d'agir, qui sont *un reste des temps barbares.*

Quant à nous, isolés au milieu de ce monde cuirassé d'égoïsme, nous aurons à choisir entre ces deux partis :

Ou continuer la lutte à outrance,

Ou nous résigner héroïquement à subir, sans nous plaindre, la consommation de l'attentat criminel de la Prusse, en refoulant, au fond de nos âmes, nos douleurs et nos colères, jusqu'au jour prochain de la résurrection, qui sera celui de la revanche et de la vengeance !

19 février.

# IV

## Le droit des gens, selon les Prussiens

Par le traité d'Aix–la–Chapelle, du 15 novembre 1818, la Prusse, de concert avec les autres grandes puissances de l'Europe, avait pris l'engagement solennel de *ne jamais s'écarter de l'observation la plus stricte des principes du droit des gens.*

A compter de ce moment, le droit des gens, jusque-là purement doctrinal et naturel, a passé à l'état de loi positive internationale.

Or, voici quelques-uns de ses préceptes, désormais obligatoires, tels qu'ils sont universellement admis par les peuples les plus civilisés, tels qu'ils sont enseignés par les docteurs les plus renommés de l'Allemagne elle-même :

Le bombardement des villes fortifiées est un moyen extrême dont la légitimité est, en effet, reconnue par Wattel, invoqué par M. de Bismarck ; mais cet auteur ajoute, et le diplomate prussien a soin d'omettre ce correctif, que les bons gouvernements n'usent qu'avec répugnance d'un droit si rigoureux, et qu'ils n'y ont recours qu'à la dernière extrémité.

Le pillage était pratiqué dans les temps barbares, et Aristote, le philosophe de l'esclavage, osait encore le ranger parmi les moyens d'acquérir la propriété. La civilisation moderne y a substitué les contributions de guerre, pourvu qu'elles soient raisonnables, en rapport avec les facultés du vaincu, et qu'elles ne représentent que les frais de guerre ou la réparation des dommages. C'est encore Wattel qui pose ces sages limites à l'avidité du vainqueur.

Le droit de conquête, longtemps admis par les publicistes, qui reconnaissaient aussi, comme en dérivant tout naturellement, le droit de tuer ou de réduire en servitude les habitants du pays conquis, répugne à la conscience des peuples modernes, qui tendent à le remplacer par l'annexion librement consentie; et, d'après Burlamaqui, si le vainqueur s'empare des villes et des provinces du vaincu, ce ne doit être que pour l'amener à une paix raisonnable, mais avec le dessein de lui restituer ces villes et provinces après la conclusion de la paix.

Enfin, la guerre n'est légitime que si elle se fait ou se continue pour de justes raisons; et comme le dit encore Burlamaqui, la seule utilité ne donne pas le droit de faire la guerre; ainsi on ne peut prendre les armes pour s'emparer de quelque endroit qui est à notre convenance et propre à couvrir nos frontières.

Voyons maintenant comment les Prussiens observent et pratiquent les lois de la guerre.

Ils bombardent non-seulement les villes fortes, mais les villes ouvertes, même les villages. La pauvre chaumière n'a pas été plus épargnée par l'obus prussien que les édifices de nos cités, que nos monuments, et nos musées, et nos hôpitaux, si souvent choisis de préférence pour achever sans doute nos soldats non suffisamment blessés dans la bataille.

Ils ont fait plus : pour achever l'œuvre de l'obus et incendier à coup sûr, ils ont eu l'infernale idée d'enduire de pétrole les meubles et objets en bois.

C'était, disent-ils, car ils sentent le besoin d'une excuse, pour nous venger des francs-tireurs et faire des exemples.

Misérable prétexte, et qu'il est inutile de réfuter.

Il leur restera la gloire d'avoir inventé :

L'incendie des chaumières par le pétrole;

Le bombardement des villages.

De même qu'ils ont inventé, pour les villes fortifiées, le bombardement psychologique.

Faudra-t-il ouvrir un nouveau chapitre au droit des gens pour y inscrire ces nouveautés?

Leurs réquisitions! Elles se sont multipliées et ont eu lieu dans des proportions inconnues jusqu'ici; et ils menacent d'une indemnité finale qui a pour but avéré, non le payement des frais de la guerre, mais la ruine de la France et l'enrichissement de la Prusse.

D'ailleurs, les réquisitions ne nous auront pas rachetés du pillage, et nos maisons ne sont pas seulement dévastées, mais vides des meubles les plus précieux, qui sont précieusement emballés et transportés en Allemagne. Les routes de l'Est sont couvertes d'interminables files de convois; c'est un immense et abominable déménagement qui s'opère.

Ces procédés de spéculation pillarde ne sont-ils pas encore une invention à ajouter au code du droit des gens!

Le droit de conquête! ils se sont emparés de nos provinces les plus françaises par le cœur, et déjà ils y ont installé toute leur organisation administrative. Est-ce pour nous les rendre à la conclusion de la paix? ou du moins voudront-ils s'astreindre à consulter les populations sur l'annexion volontaire?

Non, car ils ont préparé la conquête dès longtemps convoitée, en faisant enseigner par leurs professeurs l'hypocrite doctrine du pangermanisme, fondée sur les prétendues lois d'une etnographie complaisante.

La conquête par l'ethnographie formera donc aussi un titre nouveau du droit des gens!

La cause de la guerre! Oui, sans doute, ils ont eu la suprême habileté de se ménager les apparences de la défensive; mais, si nos ineptes gouvernants sont tombés dans le guet-apens, il restera vrai aux yeux de l'histoire qu'après le 4 septembre la guerre n'avait plus de cause et a dès lors cessé d'être juste. Ce sera l'éternel honneur de Jules Favre de l'avoir démontré par l'entrevue de Ferrières.

Allègueront-ils ce motif, éventé par les auteurs, qu'il y a nécessité pour eux de couvrir leurs positions? Mais ce motif est absurde et contradictoire; car, si leurs frontières sont couvertes, les nôtres seront découvertes, et, demain, la guerre recommencera. Vainqueurs, ils veulent les Vosges; vaincus, ils auront à nous céder le Rhin.

Allons, cela couronne l'œuvre! Au frontispice du Code du droit des gens selon les Prussiens, il faut inscrire cette épigraphe qui en résumera toute la doctrine : « Le droit des gens, c'est le droit de la force! »

21 février.

————

## V

## Le Congrès de Versailles

Les négociations pour la paix s'engagent en ce moment.

Est-ce entre la France et la Prusse, traitant seules, face à face, le vaincu à la merci du vainqueur, ou bien avec le concours des autres grandes puissances de l'Europe?

Le doute n'est pas permis. Ce ne peut être, ce ne doit être qu'en présence, avec le concours, disons mieux, avec le consentement de l'Europe.

Car il ne s'agit plus d'un appel sentimental aux bons

offices des puissances. Le moment est venu de parler le langage du droit, d'invoquer l'observation des traités.

Les frontières de la France, du côté de l'est, ont été fixées par le Congrès de Vienne. Si la Prusse exige qu'elles soient modifiées, sa prétention ne peut être débattue que devant un nouveau Congrès, qui serait, hélas ! le Congrès de Versailles.

Il y a là une condition préjudicielle impossible à éluder.

Nous faisons un suprême appel à nos négociateurs. Qu'ils se placent et restent obstinément sur ce terrain, et, à moins d'une illusion qui nous aveugle, nous affirmons que la Prusse sera contrainte de les y suivre.

Car la Prusse, si savante et si fière de sa science, sait comme nous :

Qu'il y a en Europe des grandes puissances, suivant l'appellation même des traités, qui ont adhéré, avec elle et avec nous, aux principes essentiels du droit des gens ;

Que ces puissances ont posé, dans un acte solennel, les bases de l'équilibre européen ;

Que l'une de ces bases, c'est la délimitation des frontières de la France à l'est ;

Que les grandes puissances ne sont donc pas désintéressées dans le conflit actuel ;

Que c'est par une confusion de langage, regrettable à tous égards, mortelle pour nous, si elle persiste, que, dans les actes diplomatiques émanés de nous-mêmes, elles sont qualifiées puissances *neutres*, puisqu'elles sont parties contractantes et intéressées, et que toute décision prise en dehors d'elles serait nulle et non obligatoire ;

Qu'en 1856, il a fallu le concours des grandes puissances pour statuer valablement sur le sort de l'Empire ottoman et des Principautés danubiennes ;

Qu'à cette époque, la Prusse ne manqua pas, par l'organe du baron de Manteuffel, président du conseil du roi Guillaume, de revendiquer, en qualité de grande puissance européenne, son droit de participer à toutes les phases des négociations ;

Qu'il y a quelques jours à peine, lorsqu'il s'agissait de modifier, sur la demande de la Russie, le traité du 30 mars 1856, la France fut appelée comme puissance principale dans le concert européen, sans que la Prusse, notre ennemie, osât élever la voix pour protester.

L'Europe n'est donc point encore livrée au chaos ; le sentiment de la justice internationale n'est pas éteint ; la foi due aux traités n'est pas morte.

Mais, de grâce, n'oublions pas nous-mêmes et ne paraissons pas mépriser, en les omettant, ces règles éternelles du droit. Modifions ce système de négociations révélé par le *livre bleu* soumis au Parlement anglais ; n'allons plus courir, éperdus, d'une puissance à l'autre, pour demander des interventions officieuses, ou provoquer, comme M. Chaudordy, dans sa dépêche du 18 octobre, des *ententes individuelles*. Tâchons enfin de ne plus nous servir de termes impropres, traduisant des idées fausses, en parlant de la *médiation des neutres*, alors qu'il s'agit de l'intervention indispensable de puissances intéressées.

Voilà pour ce qu'on peut appeler la procédure diplomatique.

Au fond, deux questions peuvent s'élever devant le Congrès :

En premier lieu, les puissances consentiront-elles à la cession territoriale qui serait demandée par la Prusse?

Non. Car ce serait, dans le droit des gens général, la réhabilitation du droit de conquête. Ce serait de plus, au profit de la Prusse, la consécration légale d'une troisième application en quelques années de l'envahissante théorie du pangermanisme, c'est-à-dire la préparation à de nouvelles et successives applications.

Que l'Europe laisse faire, et bientôt les provinces déjà marquées par les professeurs allemands sur leurs cartes ethnographiques auront passé sous le joug de la Prusse.

Ce qui fut il y a moins de deux siècles l'électorat de Brandebourg, sera devenu la première puissance de l'ancien monde.

La France, en reconnaissant au grand-duc, en 1713, par le traité d'Utrecht, le titre de roi de Prusse, ne se doutait pas qu'elle créait à ses dépens un empereur d'Allemagne !

En second lieu, et à supposer admis le principe d'une cession territoriale, ne devrait-on pas consulter les populations des territoires à céder ?

C'est un savant allemand qui nous donnera la réponse à cette question. M. Bluntschli, professeur à Heidelberg, un des maîtres de la science du droit international, s'exprime ainsi dans un ouvrage récemment publié, et cité hier par l'*Opinion nationale* :

« Un état peut exceptionnellement céder une partie de son territoire pour des motifs politiques, mais pour que la cession soit valable, il faut qu'elle soit reconnue par les personnes habitant le territoire cédé, et y jouissant de leurs droits politiques. »

Plus loin, l'auteur revient et insiste sur cette condition :

« Lorsqu'on cède par le traité de paix une partie de territoire, cette cession est valable en droit international, lors même que la constitution de l'État cédant-interdirait cet acte, POURVU QUE LA POPULATION RATIFIE LE TRAITÉ. »

Soit ! que l'Europe, obéissant aux âpres convoitises de la Prusse, exige avec elle et à son profit la cession de nos départements de l'est; mais qu'elle soumette la cession à la ratification des populations.

22 février.

# VI

## Diplomatie

Suivant quelques journaux, la Prusse doit ou a dû, dès la première entrevue avec nos négociateurs, poser un ultimatum dont elle ne se départira pas.

Ce serait un moyen radical de simplifier les négociations, ou plutôt de les supprimer.

N'eût-il pas été plus franc de sa part de signifier ses conditions à l'Assemblée nationale réunie à Bordeaux? A quoi bon des délégués venant à Versailles pour répondre par ce seul mot : oui ou non? A quoi bon cette commission de quinze membres pour les assister de leurs conseils? Lamentable comédie qui ne saurait tromper personne!

C'est un ennemi qui veut nous exécuter sans phrases; il bâillonne sa victime, afin que de sa bouche il ne sorte ni une observation ni un cri. C'est l'étranglement muet, par le garrot.

Ces doctrinaires de la force deviennent aisément des bourreaux, et de leur part il faut s'attendre à tout : Voyez cette prolongation d'armistice, odieusement dérisoire ; à l'Assemblée nationale de la France, convoquée sur leur désir formel, ils accordent quarante-huit heures de répit !

Vit-on jamais pareille violence, à moins de remonter aux temps barbares! l'acte qui interviendrait dans de pareilles conditions constituerait-il ce qu'on appelle un traité de paix, c'est-à-dire un accord librement et volontairement consenti!

Disons-le bien haut et par avance : un tel acte serait radicalement et doublement nul, d'abord pour extorsion de la signature de la France, puis pour violation préméditée du droit d'intervention de l'Europe.

Là, soyez-en sûr, est le secret de cette précipitation. Il ne faut pas que les autres puissances viennent au secours de celle qu'on égorge.

La France est étendue sur la dalle, exsangue, demi-morte; il reste à lui arracher les entrailles et le cœur. Il ne faut pas troubler les opérateurs.

Jusqu'au dernier moment, nous ne cesserons d'insister sur la nécessité de l'intervention des puissances. Elle ne peut être refusée sans forfaire aux traités. Ce qui a été fait en 1815 par leur commune volonté ne peut être défait en 1871 par le canon de la Prusse. Nous ne pouvons reconnaître, l'Europe ne peut reconnaître, en pleine lumière de cette civilisation dont elle est justement fière, que le canon doit seul régler les destinées des peuples.

Dira-t-on que les traités de 1815 sont abolis, et que c'est naïveté de les invoquer après tous les changements survenus depuis cette époque dans l'état de l'Europe?

Mais, nous croyons l'avoir démontré : en 1856, après la guerre de Crimée, et il y a quelques jours à peine à l'occasion de la dénonciation par la Russie du traité de 1856, ils ont été considérés, par la Prusse elle-même et par les autres puissances, comme toujours existants, et formant dès lors l'une des bases essentielles du droit international de l'Europe.

Ajoutons avec le *Siècle*, qui rapporte ce fait avec beaucoup d'à-propos, qu'en 1863, au moment où il fut question du fameux Congrès de la paix, le cabinet de Saint-James déclarait expressément « que la majeure partie des stipula-« tions des traités de 1815 n'ont nullement été ébranlées, et « que c'est *sur ces fondements que repose l'équilibre de* « *l'Europe.* »

Nous sommes en face d'un ennemi qui ne reconnaît que la force. Raison de plus pour invoquer le droit, notre unique et dernière ressource à cette heure suprême, *ultima ratio.* Agir autrement, ce serait de la part de nos négociateurs se rendre complices de la forfaiture, et assumer devant la France, devant l'histoire, une écrasante responsabilité.

En dehors de là, point de salut à espérer. N'avons-nous pas trop compté sur les sympathies et les bons offices des puissances? Dans cette voie n'avons-nous pas épuisé la coupe amère des déceptions !

Le *Livre bleu* soumis au Parlement anglais contient la longue énumération de ces négociations, où tantôt se montrent quelques velléités secourables, parfois même des lueurs d'énergie, mais qui se traînent si péniblement au milieu d'alternatives énervantes, et qui dénotent à chaque pas le plus affligeant oubli des principes du droit des gens.

Le gouvernement de l'Angleterre, dont le peuple vient de nous donner de si généreux témoignages de sympathie, a non-seulement perdu le souvenir de ces traités de 1815, qu'il invoquait encore en 1863, mais en vérité il semble avoir abdiqué tout sentiment de morale et de justice international.

Le *Morning-Advertiser* apprécie en ces termes l'étrange rôle qu'il a joué en ces douloureuses occurrences :

« Le *Livre bleu* est la lecture la plus triste qui ait été « jamais infligée au public anglais. Les quatre cinquièmes « d'un volume de 169 pages contiennent, d'un côté, les sup- « plications pressantes de la France et le refus de l'Angle- « terre d'écouter ces supplications, et, d'autre part, les sug- « gestions des puissances neutres. Le moment d'intervenir « est arrivé, et l'Angleterre continue encore ses sollicita- « tions empressées dans le but de laisser les combattants « livrés seuls à eux-mêmes. Il n'existe pas une seule dé- « pêche de l'Angleterre que M. de Bismarck aurait pu dé-

« sapprouver ou ne pas signer lui-même depuis le commen-
« cement jusqu'à la fin.

« L'Angleterre a exercé son influence en vue d'empêcher
« qu'on ne portât aide à la France; elle a paralysé les bras
« étendus vers elle pour la secourir; elle a imposé silence
« aux voix qui se sont élevées pour la défendre.

« Alors même qu'au lieu d'être notre intime et plus fidèle
« amie, la France nous serait étrangère ou ennemie, il serait
« difficile à un Anglais de lire sans rougir et sans éprouver
« de dégoût l'histoire de notre conduite envers la France à
« l'heure suprême de l'épreuve. »

Qui sait si l'Angleterre, si l'Europe, rappelées au respect
des traités, n'eussent pas tenu une autre conduite, si elles
n'eussent pas secoué la torpeur qui les accable et pris
quelque résolution virile?

Que notre diplomatie cesse donc de faire un banal et sentimental appel aux bons offices des cabinets pour leur
adresser, enfin, une énergique et franche mise en demeure
motivée sur la loi des traités.

Que, si les puissances refusent, nous serons bien et dû-
ment avertis. Nous entrerons dans une ère nouvelle, dans
l'ère des représailles.

Mais, qu'on le sache bien, la République française voi-
lera, pour un temps indéterminé, sur sa devise de 92, ce
mot trompeur dont elle ne sera plus la dupe . « Fraternité
des peuples. »

# VII

## Trop tard

Que faut-il penser, décidément, de l'intervention des puissances? Est-ce encore un mirage destiné à tromper nos douleurs? Nous touchons au dernier moment et bientôt ne sera-t-il pas trop tard?

M. Thiers, dans la péroraison de son discours à l'Assemblée nationale, dit « qu'en nous montrant capables de con-« corde et de sagesse, nous obtiendrons l'estime de l'Eu-« rope et avec son estime, *son concours.* »

N'est-ce là qu'une figure oratoire ou bien une promesse, une espérance tout au moins, basée sur quelque donnée positive?

L'heure fatale va sonner. Quand donc et de quelle façon doit se produire ce concours? M. Gladstone, à la chambre des communes d'Angleterre, disait, le 17 février, que toute offre, toute tentative de concours lui paraissait *prématurée.*

Prématurée! lorsque les jours de notre existence nous sont comptés avec une cruelle parcimonie, lorsque l'ennemi attend la dernière minute pour se jeter sur le cadavre de la France.

Que signifie donc ce langage du ministre anglais? L'explication qu'il en donne lui-même est, si elle est vraie, profondément attristante : l'intervention de l'Angleterre serait prématurée, parce qu'elle doit être agréable au moins à *l'un des deux* belligérants, et qu'*aucun d'eux*, assure-t-il, n'a exprimé de la voir surgir.

Les extraits du *Livre bleu*, donnés par plusieurs journaux, sont en contradiction avec ces paroles du ministre : Nous y voyons, en effet, M. de Chaudordy, dans le courant d'octobre, demander au gouvernement anglais d'user de son influence pour mettre fin à la guerre à des conditions acceptables pour la France ; et lord Lyons répond que l'Angleterre ne fera pas la guerre à l'Allemagne ; il demande ce qu'elle doit faire en dehors de cela.

C'était, si je ne me trompe, un refus d'intervention armée, mais une offre de bons offices.

Or, M. Gladstone, dans son discours, ne songe nullement à la guerre, mais à une simple intervention officieuse, et c'est cette intervention que, le 17 février, il trouve prématurée.

O mystères de la diplomatie ! Cachez-vous de sombres perfidies, ou n'êtes-vous que les frivoles passe-temps de peuples en décrépitude ? Qu'on nous ramène au mutisme glacé du sphinx, nous n'aurons pas, du moins, à subir ces deux langages, ces demi-mots inintelligibles, ces équivoques complaisantes qui composent le bagage de la diplomatie.

M. Gladstone sait son métier : il vaut mieux, déclare-t-il au Parlement, dire *trop peu que trop*. C'est, en effet, le comble de l'art, et il a raison de se couronner de fleurs :

« Vigilants, je crois que nous devons l'être et continuer à
« l'être, et ce serait une grande distinction pour ce pays
« si, sans dépasser ses droits, et en voulant venir en aide à
« l'humanité, il pouvait inscrire dans ses annales qu'il a pu
« contribuer à adoucir les conditions nécessairement
« lourdes et sévères qui, à l'issue de la guerre, auront été
« imposées à l'une des plus nobles nations de l'Europe. »

Il n'oublie rien, pas même de couronner aussi la victime !

Et les Communes de couvrir d'applaudissements toutes ces sublimes fictions parlementaires, ou plutôt, car nous avons bien le droit de jeter le mot crû à la face de ce gouvernement, tous ces plats mensonges.

Un seul point reste acquis, et certain de toute certitude, c'est que notre diplomatie, à aucun moment, n'a songé à invoquer les traités qui forment le droit public international de l'Europe, et qui garantissent les frontières de la France du côté de l'Allemagne.

Cet oubli est navrant. Après avoir perdu la patrie par les armes, nous faut-il la perdre aussi par la diplomatie?

Il est temps encore; d'ailleurs, s'il le faut, laissons expirer l'armistice, et prenons les jours nécessaires pour rappeler les grandes puissances, par une déclaration solennelle et publique, à l'observation des traités.

S'il le faut, laissons recommencer la guerre; si nos armées sont impuissantes, qu'elles soient licenciées ou converties en corps de guérillas et de francs-tireurs; bornons-nous à garder quelques ports militaires pour y maintenir, haut et fier encore, le drapeau de la France.

Devant l'invasion des hordes asiatiques, les Athéniens se sont retirés sur leurs vaisseaux, et la victoire leur est venue.

Laissons passer et s'étendre le torrent; soyez sûr que l'indignation du monde finira par gronder et monter à son tour, que la fureur patriotique armera nos bras pour la guerre sainte. Et la délivrance aussi nous viendra, soit par nous-mêmes, soit par les puissances européennes.

Mais, ne nous laissons pas surprendre à cette précipitation fiévreuse de l'ennemi, car c'est précisément l'intervention de l'Europe qu'il redoute; et nous pouvons faire encore qu'elle n'arrive pas trop tard.

25 février.

----

# VIII

## La dédition

Les traités de paix commencent habituellement par cette formule : Il y aura, à l'avenir, paix et amitié entre les puissances signataires. Et comme pour consolider quelque peu le fragile instrument, on entasse les expressions : Il y aura paix ferme, paix solide et inviolable, amitié vraie et sincère.

Et c'est là le langage que nous allons tenir à la Prusse ! La main dans la main, avec une touchante effusion du cœur, nous allons sceller avec elle une alliance éternelle.

Déjà, paraît-il, ils nous écrivent d'outre-Rhin, ou même du milieu de leur armée d'occupation, pour renouer avec nous des relations amicales et fructueuses.

Si les conditions de paix sont celles qu'on nous laisse pressentir et auxquelles on nous prépare par des indiscrétions calculées, ce traité de paix et d'amitié ne sera des deux parts qu'un acte de profonde hypocrisie, en même temps que le témoignage irrécusable de notre asservissement.

Paix et amitié, par ce traité ! lorsqu'il allumera la haine et soufflera la vengeance dans nos âmes.

Paix et amitié ! lorsque ces compatriotes de l'Est, ces derniers venus, et par cela même les plus aimés, dans la patrie française, nous seront arrachés, malgré leurs cris et leurs imprécations, malgré la foi que nous leur avons solennellement jurée.

Paix et amitié! lorsque ce vainqueur, inexorable par cupidité, ose demander, sous le nom menteur d'indemnité de guerre, une somme qui va, d'un seul coup, en une minute, doubler notre dette nationale, accumulation séculaire de nos efforts, de nos sacrifices et de nos travaux.

Paix et amitié éternelles! lorsqu'il nous faut ajouter ce second tome au Grand-Livre de notre dette publique, et, comme on le sait, perpétuelle; ce qui nous condamnerait, esclaves dégénérés, à tourner la meule à perpétuité pour cet empereur d'Allemagne, ancien roi de Prusse, jadis duc de Brandebourg.

Paix et amitié! lorsqu'après avoir dérobé notre bourse, ils veulent avoir notre honneur en faisant dans Paris leur entrée triomphale. La vierge chrétienne, avant d'être décapitée, était aussi déshonorée par le bourreau de l'Empereur.

Paix et amitié! lorsque, pour rendre à tout jamais notre chute irrémédiable, ils veulent nous imposer un soi-disant traité de commerce, de longue main perfidement préparé, puis tenu en poche, et qu'ils exhibent au dernier moment en nous montrant du doigt la place de notre signature.

Ce raffinement dans la spoliation avait échappé jusqu'ici aux diplomates les plus retors et les plus insatiables. Il était donné à la civilisation tudesque d'inventer ce précieux moyen d'écraser un peuple : on lui vole sa fortune acquise et on l'empêche d'en acquérir une autre. L'avenir est atteint, aussi bien que le passé et le présent; les sources du travail productif et rémunérateur sont taries et desséchées.

C'est bien là le signe patent de l'esclavage : le travail de l'esclave est stérile pour lui; il n'a qu'un pécule toléré et trop faible pour l'aider à secouer le joug. Le travailleur français serait condamné à devenir l'esclave des hobereaux allemands!

Ils sentent bien qu'il faut chercher des excuses à de tels excès de force, et ils invoquent Iéna ; mais ils mentent, car ils ont eu leurs doubles représailles en 1814 et 1815.

A moins que leur féroce haine n'ait pas été alors suffisamment assouvie, enchaînée qu'elle était par les autres puissances de l'Europe.

Mais non, leur haine vient d'ailleurs ; elle vient d'une basse envie, d'une sombre jalousie. Ils en veulent à nos succès dans les lettres, dans les arts, dans la guerre ; ils en veulent à notre soleil radieux, à notre climat tempéré, à notre sol fertile, à notre caractère ouvert, à notre bonne humeur gauloise, à notre esprit athénien ; ils en veulent à cette nation, qui fut longtemps appelée par eux-mêmes la grande nation ; ils en veulent à Paris que leurs grands hommes appelaient la capitale du monde.

Il faut que Berlin détrône Paris.

Ce sera fait si nous signons un pareil traité, qui sera, de notre part, un acte d'abdication, ou plutôt, car ce n'est pas assez dire, un acte de *dédition*.

Le sceau d'alliance sera un signe de servitude.

Tite-Live rapporte que, de son temps, on reconnaissait deux sortes de traités entre nations : 1º celui où les avantages étaient partagés ; 2º celui qui était fait avec le vaincu, et qui était plutôt une loi qu'un traité, *quum bello victis dicerentur leges.*

Ce dernier acte était unilatéral ; le peuple romain vainqueur ne contractait aucun engagement ; le peuple vaincu se remettait, se donnait à lui tout entier, personnes et biens :

« Vous livrez-vous au peuple romain, vous, le peuple de
« Collatie, la ville, les champs, les eaux, les frontières, les
« temples, les propriétés mobilières, toutes les choses di-
« vines et humaines ? — Oui, j'accepte. » Telle était la formule de la *dédition*, et les savants en *us* de l'Allemagne la connaissent bien.

C'est à cette formule qu'il nous faut revenir, hélas! si nous refusons de combattre.

Mais, au nom du ciel, que nos négociateurs, imbus des traditions modernes de la civilisation, n'oublient pas le regain de barbarie que fait aujourd'hui fleurir la Prusse. Que leur main se dessèche avant de signer un traité de paix et d'amitié. Que, la tête inclinée, l'échine courbée, ils passent sous les fourches caudines et signent, au nom de la France, l'acte de *dédition*.

---

# IX

## Seuls!

Nous sommes seuls!

L'Europe assiste, impassible, au démembrement et au pillage de la France.

Ces conditions de paix qu'on nous impose sont, selon l'expression d'un journal anglais, des conditions de guerre. Il faut dire plus, elles sont des conditions de servitude.

M. de Bismarck, honteux de ses exigences, fait plaider par ses journaux que la France ne sera pas réduite à l'état de puissance de second ordre. Non, car elle descend plus bas, car elle devient vassale et tributaire de la Prusse. Un tribut perpétuel, à raison même de son énormité, est le signe irrécusable du vasselage.

La Prusse satisfait ainsi, mieux que par la conquête, sa haine et sa cupidité ; car la France asservie ne lui eût pas donné les milliards qui lui sont extorqués.

Cette race besogneuse, envieuse et cupide, préfère l'argent à la conquête.

Jamais, depuis le partage de la Pologne, attentat plus criminel ne fut commis sur une nation.

Aux yeux de l'histoire, la Prusse sera sans excuse.

Elle ne se venge pas d'Iéna ; car le traité de Tilsitt, qui lui fit subir la loi du vainqueur, fut signé par la Russie, aujourd'hui sa fidèle alliée. D'ailleurs la France, deux fois envahie et rançonnée en 1814 et 1815, a largement payé la dette du César dont elle-même portait le joug.

La Prusse n'aura pas même le prétexte de la défensive, car il est aujourd'hui avéré que, depuis des années, elle méditait son forfait, forgeant mystérieusement des engins nouveaux, épiant et cherchant à faire naître l'instant propice. Puis, quand elle fut armée jusqu'aux dents, elle tendit le piége où se laissa choir et prendre l'imbécile parodiste du premier empire, entraînant avec lui la France surprise et désarmée.

Les gouvernements monarchiques de l'Europe, par leur lâche inaction, se rendent complices de l'attentat.

Ils satisfont ainsi leurs rancunes contre le régime impérial, qui les a tour à tour trompés et humiliés. D'ailleurs, il y aurait pour eux dérogeance et danger à mettre leur main dans celle de la République française. Leurs trônes, ébranlés en 1848, ne sont peut-être pas suffisamment rassis, et le prestige de l'empire d'Allemagne, restauré à nos dépens, doit leur procurer quelques années de sécurité.

Quelques-uns ont même profité de cette éclipse momentanée d'une grande nation pour se jeter à la curée. Victor-Emmanuel, voyant tomber son cousin de France, a pris Rome, qu'il lui refusait avec une sotte obstination. Le czar de Russie, dénonçant le traité de 1856, a signifié sa volonté de réédifier Sébastopol, étendre de nouveau sa main vers Constantinople.

La famille royale d'Angleterre, en présence même des sympathies que nous montre la nation, ose envoyer ses félicitations au vainqueur. Elle n'attend pas même qu'il ait quitté le sol français, et c'est à Versailles, dans le palais de Louis XIV, que son envoyé vient saluer l'empereur d'Allemagne.

C'est la Sainte-Alliance monarchique qui se reforme encore une fois contre nous.

Elle avait, il y a soixante ans, établi les bases de l'équilibre européen ; par des traités, placés sous l'invocation de la divinité, elle avait prétendu consacrer, au profit de l'Europe pacifiée, les règles du droit des gens et les lois de l'ordre moral entre les nations.

Au droit, à la morale, va succéder une sanglante anarchie, et elle reste indifférente.

Constatons le fait, sans élever une plainte. N'ayons que compassion et dédain pour tant de faiblesse et de dégradation. Restons calmes et fiers, quoique enchaînés, sur le terrain déserté des principes.

L'Assemblée nationale française peut, il en est temps encore, accomplir un grand acte : c'est, avant de s'expliquer sur les conditions du traité, d'inviter les délégués à s'adresser à l'Europe, non pour faire un appel à ses bons offices, mais un rappel aux traités.

Si les puissances ne répondent pas à cette mise en demeure, il sera désormais établi, à la face de la vieille civilisation européenne, que les traités n'ont plus de valeur, et que le plus fort peut les détruire à son gré.

Puis l'Assemblée examinera les conditions proposées, et elle jugera si la France est capable d'une résistance active et durable, ou si elle est tellement épuisée, tellement atteinte dans ses forces vives, qu'elle doive courber la tête et signer l'acte de *dédition*.

Il faudra un cruel effort, et c'est en frémissant que la nation boira cette honte. Il faut voir, en ces jours de deuil, notre grand Paris, tant calomnié. Quelle émotion patriotique dans les âmes ! quelle fièvre contenue ! quelle douleur sombre, mais fière encore ! C'est toujours le puissant et noble cœur de la France ; il souffre, mais il ne veut pas mourir !

1er mars.

---

## X

## La Paix honteuse.

La paix est acceptée, ou plutôt subie par les représentants de la France.

« L'Assemblée nationale, dit la loi votée à Bordeaux, *su-* « *bissant* les conséquences de faits dont elle n'est pas l'au- « teur, ratifie les préliminaires de paix. »

Ce terme est caractéristique ; il veut dire que toute résistance est jugée, quant à présent impossible, que la France cède à un acte de force.

Donc, nous sommes spoliés de plusieurs départements, et une promesse de cinq milliards nous est extorquée.

Est-ce là une paix honteuse, comme l'ont déclaré quelques représentants de la gauche?

Oui, sans nul doute, cette paix est honteuse pour ceux qui nous ont précipités dans la guerre; pour ce génie malfaisant qui l'a voulue avec une fatale et stupide obstination; pour les courtisans et les valets qui l'ont acclamée avec servilité, engagée et conduite avec ineptie.

Elle est honteuse pour la Prusse et ses alliés, qui renouvellent au dix-neuvième siècle les excès des époques barbares, empruntant ce qu'ils osent appeler les lois de la guerre au code des Huns ou des Vandales, et qui, ne pouvant ni réduire en esclavage le peuple vaincu, ni occuper tout son territoire trop étendu, lui arrachent toutes ses richesses acquises au prix de travaux séculaires.

Ce n'est pas la gloire qu'ils cherchent, mais le butin; car pour combattre, ils se cachent dans les bois, derrière des murs, des tranchées; on leur donne pour instruction de se défier de la baïonnette française; ils mitraillent de loin; ils n'ont pas pris d'assaut un seul fort, une seule redoute; mais ils ont inventé le bombardement psychologique, locution germaine qui signifie : tuer les femmes et les enfants pour effrayer les combattants qu'on ne peut pas réduire. C'est la lâcheté traduite en système.

Leur manière de faire la guerre n'est autre chose que le vol à main armée, un brigandage méthodique, cruel et sans entrailles.

Cela rappelle le pillage des caravanes dans le désert, par les hordes de Bédouins. La France est une caravane surprise et attaquée au milieu d'un désert de nations.

Ils emploient toutes les ressources d'une civilisation factice au service de leur barbarie native. Ce sont des Comanches armés de canons Krupp, ou, comme l'a dit Louis Blanc, des Mohicans sortis de l'École polytechnique. Ces fruits secs de la civilisation sont passés ingénieurs dans l'art sauvage de tuer; et ils ont bien gagné le blason impérial qu'ils viennent de se donner : partie d'or, de sable, de gueule et d'argent, avec deux sauvages armés de massue pour supports.

Ils raffinent sur les Barbares, qui dépouillent leurs victimes, mais ne demandent rien de plus. Eux, ils prennent aussi tout ce qu'ils peuvent, mais ils exigent, en outre, des rançons que trente années de travaux ne suffiront pas à produire, et qu'il faut payer en trois ans.

La France est une proie sur laquelle s'acharnent ces vautours. Coupable d'avoir dérobé le feu sacré, elle est étendue garrottée sur le rocher, et ils lui rongent le cœur.

Mais ce cœur est immortel, et le supplice de Prométhée cessera.

A ces Prussiens enivrés, à leurs vassaux entraînés, quand le sang-froid sera revenu, qui sait si le remords du forfait ne viendra pas aussi ! Pris individuellement, ils ne sont pas des bandits, et ils reconnaîtront que cette collection d'individus qui forme une nation, n'a pas le droit de commettre des actes de banditisme.

Parmi les autres peuples, indifférents ou enchaînés par leurs gouvernements, le sentiment de la justice aussi renaîtra, et un jour, prochain peut-être, on entendra s'élever de toutes parts un concert de réprobation contre le grand attentat.

Ce jour-là, on verra la honte de ce prétendu traité de paix monter au front de la Prusse, enrichie de nos dépouilles.

Ce jour-là, nul ne songera à reprocher la paix honteuse à la France ruinée, à la France qui n'a pas voulu cette guerre, et qui, délivrée du cauchemar impérial, a su déployer de merveilleux élans de patriotisme.

La honte sera pour la Prusse, qui aura rétabli le Saint-Empire à son profit, et pour l'Allemagne qui l'aura souffert en faisant litière de ses libertés.

La France recueillera cette gloire morale, bien supérieure à la gloriole des armes : d'avoir, au milieu de ses désastres, retrouvé le chemin du droit, et d'avoir, en face du drapeau féodal du Saint-Empire, arboré l'étendard sacré de la République.

Or, je le dis à tous nos représentants ralliés sous cet étendard : sachons conserver cette gloire morale; trève aux récriminations amères; pas d'équivoques injurieuses. Si nous parlons de paix honteuse, ne jetons pas cette insulte à ceux qui l'ont négociée et votée; ils ont cru de bonne foi la résistance impossible et voulu arrêter d'inutiles effusions de sang. D'autres, au contraire, ont cru que la lutte inégale, mais héroïque, devait persister plutôt que de subir la loi d'un vainqueur inexorable. Dans le désaccord, qui a raison? Nul ne le sait, mais tous nous devons nous incliner devant la majorité de l'Assemblée nationale.

Oui, sans doute, la République, qui seule respecte le droit individuel en le conciliant avec le droit social, est au-dessus du pouvoir des majorités; mais lorsqu'elle est assise, il faut admettre ce pouvoir à peine de tomber dans l'anarchie, il faut l'admettre pour toutes les questions qui ne sont pas de l'ordre constitutionnel, pour ne pas s'exposer à confondre les principes avec les nuances, le permanent avec le transitoire.

Restons unis sur ce terrain commun, assez vaste et solide pour supporter toutes les luttes fécondes et pacifiques de la liberté, où doit germer et naître la semence de tous les progrès, où nous pourrons reconquérir la force perdue et saisir l'heure des résolutions viriles, avec une pleine confiance dans les destinées de la patrie.

5 mars.

———

# XI

## Confiance

Du sein de nos désastres, nous jetons ce cri : Confiance.

La nation française n'est pas morte. Quoique déchirée, meurtrie par l'envahisseur, elle est pleine de sève et de vie.

Elle est plus forte qu'avant sa défaite, car elle a expié, du plus pur de son sang, le régime avilissant qu'elle avait subi; et avec le châtiment de sa faute, elle a reçu le baptême de la République.

La souillure est lavée, et l'Assemblée nationale vient de souffler sur les dernières scories, en consacrant la déchéance de la dynastie corse. Cela s'est fait par un simple ordre du jour, dédaigneusement, comme il convenait.

La France s'est refait une conscience nouvelle; et elle s'offre, toute palpitante encore, à la renaissance morale et intellectuelle.

Elle n'a été, pendant des années, que matière et boue. Aujourd'hui elle a une âme toute prête à vibrer aux sentiments élevés, et dans laquelle déjà il est entré au moins une noble et ardente passion : la haine des oppresseurs de la patrie.

Or, une seule passion généreuse, faisant invasion dans

une âme, suffit à la racheter, à lui redonner la vie, à l'ouvrir à toutes les grandes idées, à lui inspirer l'amour de toutes les vertus.

Cette haine sera pour nous une force immense, un irrésistible levier qui soulèvera la nation tout entière au jour marqué pour sa délivrance.

Eux aussi, ils avaient conçu contre nous de la haine, mais une basse et ignoble haine, fille de l'envie, la jalousie bête du Béotien contre Athènes, du Teuton contre Paris, du hibou contre le soleil. Et cependant elle a suffi pour lancer sur nous, comme des meutes affamées, leurs hordes innombrables.

La nôtre, à nous, est sainte et légitime, car elle a ses racines dans le sentiment du droit violé, dans l'impérissable souvenir de l'outrage reçu.

C'est elle qui nous donne confiance. Déjà elle nous a rendu capables d'efforts héroïques.

Paris assiégé a créé une armée et forgé des armes ; ce n'est pas la faute de sa population si des chefs incapables n'ont pas su les utiliser. Il a subi, sans plier, un bombardement comme le monde n'en avait jamais vu. Il est resté la cité grandiose, et devant cette occupation honteuse, ridicule, d'un quartier désert, il a refoulé ses colères pour ne laisser voir que l'attitude impassible du mépris.

Du défilé grotesque, il n'est resté que les vestiges souillés de ce troupeau de harpies. Ajoutez à cela Gavroche leur jetant des pierres comme à des animaux malpropres et malfaisants.

Les départements, soulevés à la voix de Gambetta, ont improvisé des armées qui ont tenu en échec pendant quatre mois les troupes aguerries de la Prusse.

Cette organisation qui fait leur force, et dont ils sont si fiers, il a fallu cinquante ans à ces cervelles épaisses pour l'achever. Nous avons devant nous trois ans pour cette œuvre, et cela suffit.

La race latine est, disent-ils, abâtardie. Ils se rappelleront alors que, chez nous, elle n'est qu'un alluvion sur la race gauloise, qui tant de fois a fait trembler le monde, l'ancien comme le moderne.

Ce sera l'heure où l'éclatante fanfare sonnera, comme autrefois, le *Tumultus gallicus*.

Oui, confiance ! car sous l'aiguillon de cette haine patriotique, nous allons corriger nos travers, extirper nos vices.

Nous serons moins humanitaires, et, puisqu'il le faut, redeviendrons chauvins.

Les États-Unis d'Europe, ce rêve amoureusement caressé dans nos imaginations naïves et sentimentales, vaguement entrevu dans les nuages roses d'un horizon prochain, nous l'écarterons comme un importun messager de chimères, pour le rejeter dans les brumes obscures du lointain avenir.

Nous nous ferons égoïstes pour choisir nos alliances, et nous n'aurons que l'embarras du choix : entre l'Autriche, toujours saignante de Sadowa, ou la Russie, toujours prête à se ruer sur Constantinople, ou l'Angleterre, qui en frémit d'épouvante, ou l'Espagne et l'Italie, qui vont redevenir nos sœurs en devenant républicaines.

Nos ennemis eux-mêmes, sur leur proie encore chaude, se menacent des yeux et semblent prêts à s'entre-dévorer. La grande unité allemande, à peine ébauchée, craque et se disloque. L'hégémonie prussienne prétend engloutir l'Allemagne entière ; le souverain féodal ne veut à ses pieds que des barons complaisants, pâles satellites du soleil impérial.

Ayons confiance ! car s'ils s'en vont chargés de nos dépouilles, il nous reste des bras pour travailler, pour réparer les ruines qu'ils nous ont faites, pour labourer et ensemencer nos champs, engraissés de leurs cadavres.

Ces héros de Rabelais, ces illustres buveurs de champagne et de romanée, se sont repus dans notre France comme dans une abbaye de Thélème. Mais ils n'ont pas emporté notre sol fertile, qui nous rendra le blé et le vin en abondance, après le départ de ces Grandgousier.

Pour les appétits physiques, nous n'oublierons plus les richesses morales. L'éducation publique à refaire, un enseignement moral à créer de toutes pièces, et pour ramener le respect de la loi, une réorganisation radicale, portant sur toutes les parties de l'État, c'est-à-dire à la fois administrative, judiciaire et militaire. La discipline dans la nation, c'est-à-dire la soumission aux lois, est aussi nécessaire que la discipline dans l'armée.

L'idéal à poursuivre sans relâche, par tous les moyens d'instruction et de propagande, dans l'esprit de la jeune génération aussi bien que des hommes faits, c'est la discipline, sociale ou militaire, acceptée et observée comme un devoir civique.

C'est ainsi que nous pourrons, avec fruit, étudier et résoudre toutes les questions sociales, grosses de problèmes sans doute, mais dont on a fait avec tant de perfidie des épouvantails.

Heureusement, le spectre rouge ne fait plus peur. La France ne paraît plus divisée en deux camps : des trembleurs et des enragés.

La bourgeoisie ne recherche plus la domination. En 1789, elle prétendait encore, sous le nom de tiers-état, constituer a nation, et le fameux mot de Sieyès rappelle celui de lLouis XIV : L'État, c'est moi.

Aujourd'hui, elle est prête à se faire peuple.

Sous l'empire d'une inéluctable nécessité, animée de la fureur patriotique qui enflamme le cœur du peuple, elle accepte la République, car elle sait que ce gouvernement est le seul vraiment honnête et fort, et elle offre le premier d'entre les siens pour être le Washington de la France.

Confiance ! redirons-nous encore, avec les libertés politiques reconquises, nous saurons aisément reconquérir la liberté nationale.

Confiance dans l'avenir que nous réserve et nous assure le maintien de la République française.

Elle sort à peine, pâle, échevelée, de nuages de feu et de sang : déjà l'auréole scintille sur son front; son image devient grave et sereine, les plis de sa robe prennent un arrangement majestueux, et elle étend son doigt vers le César germain, qui recule effaré comme don Juan devant la statue vengeresse.

Salut à l'aurore de nos destinées nouvelles !

FIN

# TABLE DES MATIÈRES